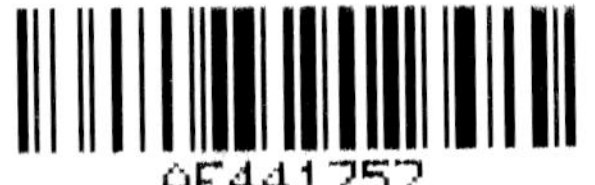

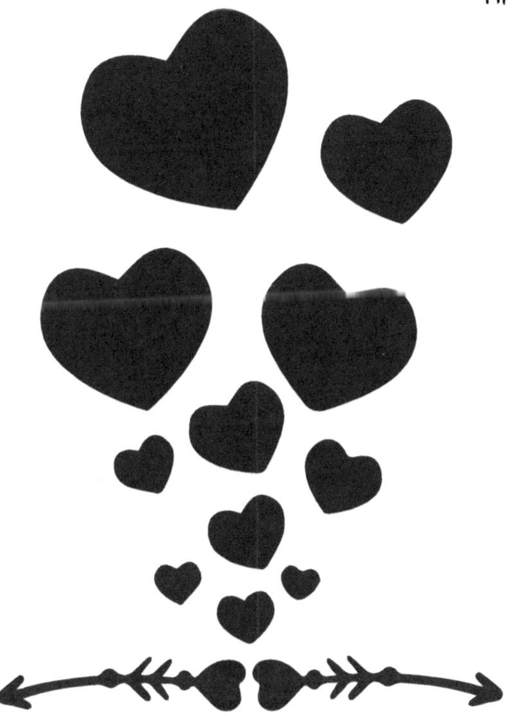

Ce Carnet Appartient À :

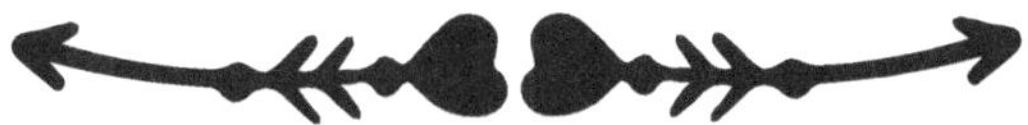

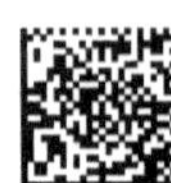

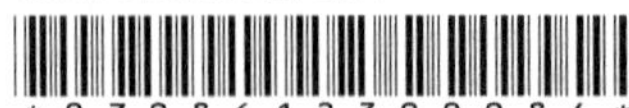
9 798612 300984